Ingrid Ahnert (Hrsg.)

Weihnachtsplätzchen

toll in Form

Die süße Verführung

Nicht nur Naschkatzen träumen von der „fünften Jahreszeit“ – der Advents- und Weihnachtszeit. Honig, Nüsse, Zimt und andere aromatische Gewürze haben jetzt Hochsaison und erfüllen das Haus mit herrlichen Düften. Fast unmöglich ist es, der süßen Verführung – angefangen von Makronen, Honigkuchen und Pfeffernüssen, bis hin zu Klassikern wie Vanillekipferl und Spitzbuben – zu widerstehen. Lassen Sie sich also verführen und naschen Sie mit!

Tipps rund ums Backen

Stellen Sie sämtliche Zutaten rechtzeitig bereit, damit sie Raumtemperatur annehmen können. Beim Ausrollen des Teiges sollten Sie die Arbeitsfläche und das Wellholz nur sparsam mit Mehl bestreuen, damit das Gebäck nicht zu trocken wird. Mürbeteig lässt sich leichter ausrollen, wenn man ihn zwischen 2 Bögen Pergamentpapier legt.

Tauchen Sie die Ausstechformen vor dem Ausstechen in Mehl und bei Eiweißgebäck in Puderzucker. Sinnvoll ist zudem die Anschaffung mehrerer Kuchengitter zum Abkühlen des Gebäckes. Liegen die Plätzchen nämlich auf einem Brett oder Teller, fangen sie an der Unterseite schnell an zu schwitzen und werden dadurch feucht.

Wie viele Plätzchen ein Rezept ergibt, hängt davon ab, wie dick Sie den Teig ausrollen, wie groß die Ausstechformen sind oder wie groß Sie Kugeln, Würfel oder Makronenhäufchen formen. Die bei jedem Rezept genannten Mengen sind daher nur Näherungswerte.
Die angegebene Zubereitungszeit bezieht die Backzeit aller Plätzchen mit ein. Sonderzeiten, wie zum Beispiel Kühlzeit und Quellzeit, sind gesondert angegeben. Die Backofentemperaturen beziehen sich auf den Elektroherd mit Ober- und Unterhitze. Wenn Sie mit Umluft arbeiten, reduzieren Sie die Temperatur um 15–20 %. Die Backzeit bleibt gleich. Alle Plätzchen werden auf der mittleren Einschubleiste gebacken. Bei Umluftherden spielt die Einschubhöhe keine große Rolle.

Aufbewahrung

Lassen Sie das Gebäck immer gut auskühlen, bevor Sie es in gut schließende Blechdosen schichten. Verschiedene Sorten trennt man durch eine Lage Pergamentpapier voneinander. Bei mürben Gebäcksorten, z. B. Vanillekipferl, legt man zwischen die einzelnen Lagen ein Blatt Pergamentpapier. Bewahren Sie nur geschmacklich „verwandte“ Sorten gemeinsam in einer Dose auf (z. B. Zimtsterne mit Haselnussmakronen).
Plätzchen lassen sich auch gut einfrieren. Frieren Sie zerbrechliches Gebäck zunächst auf einer ebenen Unterlage vor und schichten Sie es dann in Gefrierdosen. Festeres Gebäck kann man in Gefrierbeutel verpacken; es ist dann 4 Wochen haltbar.

Abkürzungen:

°C = Grad Celsius
ca. = cirka
cm = Zentimeter
EL = Esslöffel
TL = Teelöffel
g = Gramm
Msp. = Messerspitze
Ø = Durchmesser

Gefüllte Kokosmakronen

Ananas-Mandel-Makronen

Gefüllte Kokosmakronen

ZUTATEN

4 Eiweiß

1 Prise Salz

1 EL Zitronensaft

200 g Zucker

1 Päckchen Vanillezucker

250 g Kokosraspel

ca. 50 Backoblaten

100 g Halbbitterschokolade

etwas Milch

1. Die Eiweiße zusammen mit Salz und Zitronensaft zu sehr steifem Schnee schlagen. Zucker und Vanillezucker einrieseln lassen, zuletzt Kokosraspeln darunter heben.

2. Die Oblaten auf ein Blech legen und Teighäufchen darauf setzen. Mit einem angefeuchteten Holzlöffel jeweils eine kleine Vertiefung hineindrücken. Die Makronen im auf 150 °C vorgeheizten Backofen etwa 20 Minuten backen.

3. Die Schokolade im Wasserbad schmelzen. Ist sie zu dickcremig, etwas Milch darunter rühren. Die Schokolade in die Vertiefungen der noch heißen Makronen füllen und die Plätzchen erkalten lassen.

- *Ergibt ca. 50 Stück*
- *Zubereitungszeit: ca. 90 Minuten*

Ananas-Mandel-Makronen

ZUTATEN

3 Scheiben Ananas (aus der Dose)

3 Eiweiß

100 Zucker

400 g ungeschälte Mandeln, gemahlen

3 EL Ananassaft

150 g Puderzucker

kandierte Ananas, in kleinen Stücken

1. Die abgetropften Ananasscheiben in feine Stückchen schneiden. Die Eiweiße sehr steif schlagen, dabei den Zucker langsam einrieseln lassen. Mandeln, Ananasstückchen und 1 Esslöffel Ananassaft darunter heben.

2. Mit zwei Teelöffeln kleine Teighäufchen auf ein mit Backpapier ausgelegtes Backblech setzen. Die Makronen im auf 150 °C vorgeheizten Backofen etwa 20 Minuten backen.

3. Puderzucker und restlichen Ananassaft verrühren. Die noch heißen Makronen damit bestreichen und mit kandierter Ananas verzieren.

- *Ergibt ca. 50 Stück*
- *Zubereitungszeit: ca. 90 Minuten*

Orangenmakronen mit „Haube“

Orangenmakronen mit „Haube“

ZUTATEN

Für den Teig

3 Eiweiß

200 g Zucker

300 g Mandeln, gemahlen

2 TL Orangenlikör

ca. 50 Backoblaten

1. Den Backofen auf 150 °C vorheizen. Die Eiweiße sehr steif schlagen, dabei den Zucker einrieseln lassen. Die Mandeln und den Orangenlikör vorsichtig darunter heben, bis ein glatter Teig entstanden ist.

2. Den Teig in einen Spritzbeutel mit Lochtülle füllen. Die Oblaten auf das Backblech legen und kleine Teighäufchen darauf spritzen. Die Makronen im Ofen etwa 15 bis 20 Minuten backen.

3. Den Puderzucker mit dem Orangenlikör glatt rühren und die Makronen damit bestreichen. Mit einem Juliennereißer feine Streifen von der Orangenschale abziehen oder schneiden und diese auf die Glasur streuen.

TIPP

Damit Makronen nicht zerlaufen, muss der Eischnee besonders steif sein. Zur Probe kann man mit dem Messer einen Schnitt auf der Oberfläche des Eischnees machen. Wenn der Schnitt sichtbar bleibt, ist der Schnee fest genug.

Für die Verzierung

50 g Puderzucker

2 EL Orangenlikör

1 unbehandelte Orange

- *Ergibt ca. 50 Stück*
- *Zubereitungszeit: ca. 90 Minuten*

Müslimakronen

Müslimakronen

ZUTATEN

250 g Butter

100 g Zucker

1 Päckchen Vanillezucker

1 Prise Salz

3 Eier

½ TL Zimt

1 TL Backpulver

350 g Haferflocken

100 g Mandelblättchen

250 g Backpflaumen

1. Den Backofen auf 150 °C vorheizen. Die Butter zusammen mit dem Zucker, dem Vanillezucker und dem Salz cremig rühren.

2. Die Eier portionsweise dazugeben und alles zu einer dickcremigen Masse verrühren.

3. Den Zimt, das Backpulver, die Haferflocken und die Mandelblättchen dazugeben. Die Backpflaumen grob würfeln und unter die Masse heben.

4. Ein Backblech mit Backpapier auslegen. Mit zwei Teelöffeln kleine Teighäufchen auf das Blech setzen. Die Makronen im Ofen etwa 20 bis 25 Minuten backen.

VARIATION

Die Makronen werden herzhafter, wenn man sie mit Vollkornhaferflocken zubereitet.

- *Ergibt ca. 70 Stück*
- *Zubereitungszeit: ca. 90 Minuten*

Blütenmakronen

Blütenmakronen

ZUTATEN

Für den Teig

250 g Mandeln, gemahlen

250 g Zucker

4 Eiweiß

1 TL Zitronensaft

Für die Verzierung

25 g Mandelstifte

einige kandierte Früchte oder 1 EL rotes Gelee

1. Den Backofen auf 150 °C vorheizen.

2. Die Mandeln zusammen mit dem Zucker sowie einem Eiweiß in einen Topf geben. Die Masse unter Rühren so lange erwärmen, bis ein Kloß entsteht und anschließend kalt werden lassen.

3. Die restlichen drei Eiweiße zu sehr steifem Schnee schlagen und zusammen mit dem Zitronensaft unter die Mandelmasse heben.

4. Ein Backblech mit Backpapier auslegen. Mit angefeuchteten Händen aus dem Teig pfenniggroße Kugeln formen und je drei davon zu einer Blüte zusammensetzen.

5. In jede Kugel einen Mandelstift stecken und in die Mitte jeder Blüte entweder ein kleines Stück kandierte Frucht oder einen Klecks Gelee geben. Die Makronen im Ofen etwa 20 Minuten backen.

TIPP

Dieses Rezept ist – wie jedes andere Makronenrezept auch – gut geeignet, um übrig gebliebenes Eiweiß zu verwerten.

• Ergibt ca. 45 Stück
• Zubereitungszeit: ca. 90 Minuten

Zitronensterne

Zitronensterne

ZUTATEN

Für den Teig

200 g Mehl

1 Msp. Backpulver

60 g Puderzucker

1 Päckchen Vanillezucker

abgeriebene Schale von 2 unbehandelten Zitronen

1 Prise Salz

1 Ei

100 g Butter

Für die Verzierung

1 Eigelb

1 EL Milch

50 g Hagelzucker

1. Das Mehl mit dem Backpulver in eine Schüssel sieben. Den gesiebten Puderzucker, den Vanillezucker, die Zitronenschale, das Salz und das Ei dazugeben. Die Butter in Stücke schneiden und hinzufügen.

2. Die Zutaten mit dem Knethaken eines Handrührgerätes gut durcharbeiten. Anschließend auf einer bemehlten Arbeitsfläche zu einem glatten Teig verkneten. Den Teig 60 Minuten kalt stellen.

3. Den Backofen auf 180 °C vorheizen. Den Teig dünn ausrollen, daraus Sterne in verschiedenen Größen ausstechen und auf ein mit Backpapier ausgelegtes Backblech setzen.

4. Das Eigelb mit der Milch verrühren. Die Sterne mit der Eiermilch bestreichen, mit dem Hagelzucker bestreuen und anschließend im Ofen 8 Minuten backen.

VARIATION

Wer's weniger süß mag, kann die Sterne anstelle von Hagelzucker mit Kokosraspeln bestreuen.

• Ergibt ca. 50 Stück
• Zubereitungszeit: ca. 1 Stunde (plus 1 Stunde Kühlzeit)

Haselnuss-Zitronen-Herzen

Haselnuss-Zitronen-Herzen

ZUTATEN

Für den Teig

3 Eigelb

100 g Zucker

1 Päckchen Vanillezucker

abgeriebene Schale von 1 unbehandelten Zitrone

1 Msp. Backpulver

200–250 g Haselnüsse, gemahlen

1. Den Backofen auf 180 °C vorheizen.

2. Die Eigelbe mit dem Zucker und dem Vanillezucker zu einer dickcremigen Masse verrühren. Mit der Zitronenschale, dem Backpulver und den Haselnüssen verkneten. Dabei so viele Haselnüsse dazugeben, dass der Teig nicht zu feucht ist und sich ausrollen lässt.

3. Ein Backblech mit Backpapier auslegen. Die Arbeitsfläche mit den gemahlenen Haselnüssen bestreuen und darauf den Teig etwa ½ cm dick ausrollen. Aus dem Teig Herzen ausstechen, diese auf das Blech legen und im Ofen etwa 15 Minuten backen.

4. Für den Guss den Puderzucker mit dem Zitronensaft zu einer glatten, dicklichen Masse verrühren. Die noch heißen Herzen mit dem Zitronenguss bestreichen und mit einem kleinen Stück kandierter Kirsche verzieren.

Außerdem

50 g Haselnüsse, gemahlen

200 g Puderzucker

Saft von ½ Zitrone

kandierte Kirschen

• Ergibt ca. 40 Stück
• Zubereitungszeit: ca. 1 Stunde

Mandel-Zitronen-Würfel

Mandel-Zitronen-Würfel

ZUTATEN

Für den Teig

1 Ei

80 g Zucker

120 g Mandeln, gemahlen

1 TL abgeriebene Schale von 1 unbehandelten Zitrone

50 g Zitronat, fein gehackt

3 EL Zitronensaft

1. Den Backofen auf 120 °C vorheizen.

2. Das Ei mit dem Zucker verrühren. Die Mandeln, die Zitronenschale, das Zitronat sowie den Zitronensaft dazugeben. Alles mit beiden Händen gut vermischen und zu einem festen Teig verkneten.

3. Ein Backblech mit Backpapier auslegen. Den Teig darauf verteilen, glatt streichen und im Ofen etwa 30 Minuten backen.

4. Den Teig nach dem Backen sofort in etwa 3 cm große Quadrate schneiden.

5. Den Puderzucker mit dem Zitronensaft zu einem glatten Guss verrühren und die noch warmen Teigwürfel damit überziehen.

TIPP

Man kann die glasierten Würfel zusätzlich mit fein gehacktem Zitronat oder feinen Streifen von Zitronenschalen bestreuen. Am einfachsten gelingt dies mit einem Juliennereißer.

Für die Verzierung

80 g Puderzucker

2 EL Zitronensaft

- *Ergibt ca. 30 Stück*
- *Zubereitungszeit: ca. 90 Minuten*

Orangen-Schoko-Plätzchen

Orangen-Schoko-Plätzchen

ZUTATEN

Für den Teig

125 g weiche Butter

100 g Zucker

100 g Halbbitter-kuvertüre, fein gerieben

1 Ei

1 Msp. Salz

abgeriebene Schale von 2 unbehandelten Orangen

250 g Mehl

Für die Verzierung

70 g kandierte Orangenscheiben

100 g Puderzucker

2–3 EL Orangensaft

1. Die Butter mit dem Zucker und der Kuvertüre cremig rühren. Das Ei, das Salz, die Orangenschale sowie das Mehl darunter rühren. Den Teig auf einer bemehlten Arbeitsfläche glatt kneten und anschließend 1 Stunde kalt stellen.

2. Den Backofen auf 180 °C vorheizen.

3. Den Teig etwa ½ cm dick ausrollen, ovale Plätzchen mit gezacktem Rand daraus ausstechen und auf ein mit Backpapier ausgelegtes Backblech setzen. Die Plätzchen im Ofen etwa 10 Minuten backen und abkühlen lassen.

4. Die Orangenscheiben klein würfeln. Den Puderzucker mit dem Orangensaft zu einem dickflüssigen Guss verrühren. Die Plätzchen mit dem Guss bestreichen und mit den kandierten Orangen verzieren.

- *Ergibt ca. 55 Stück*
- *Zubereitungszeit: ca. 1 Stunde (plus 1 Stunde Kühlzeit)*

Pfeffernüsse mit Ingwer

Pfeffernüsse mit Ingwer

ZUTATEN

Für den Teig

130 g Butter

2 Eier

250 g brauner Zucker

200 g Honig

100 g kandierter Ingwer, fein gewürfelt

100 g Zitronat, gewürfelt

100 g Orangeat, gewürfelt

1 Prise Salz

1 Prise Muskatnuss, gerieben

1 TL Zimt, gemahlen

½ TL Nelken, gemahlen

100 g Haselnüsse, gemahlen

500 g Mehl

1½ Päckchen Backpulver

Außerdem

200 g Puderzucker

3 EL roter Fruchtsaft

100 g ganze Haselnüsse

1. Die zimmerwarme Butter in eine Schüssel geben und mit den Eiern sowie dem Zucker gut verrühren.

2. Den Honig leicht erwärmen und unter die Eiermasse ziehen. Dann den Ingwer, das Zitronat, das Orangeat, das Salz sowie die Gewürze dazugeben und alles verrühren.

3. Die Haselnüsse, das Mehl sowie das Backpulver mischen und mit der Honigmasse sorgfältig verkneten. Den Teig mindestens 1 Stunde kalt stellen.

4. Den Backofen auf 180 °C vorheizen. Ein Backblech mit Backpapier auslegen. Den Teig etwa ½ cm dick auf einer bemehlten Arbeitsfläche ausrollen. Mit einem Ausstecher Herzen aus dem Teig ausstechen und auf das Blech legen. Die Plätzchen etwa 10 Minuten im Ofen backen.

5. Den Puderzucker mit dem Fruchtsaft zu einem glatten rosa Guss verrühren. Die noch heißen Plätzchen damit bestreichen und jeweils eine ganze Haselnuss darauf setzen.

- *Ergibt ca. 85 Stück*
- *Zubereitungszeit: ca. 90 Minuten (plus 1 Stunde Kühlzeit)*

Schoko-Nuss-Herzen

Schoko-Nuss-Herzen

ZUTATEN

Für den Teig

100 g Haselnüsse
3 Eiweiß
120 g Zucker
150 g Halbbitter-schokolade, gerieben
1 TL Instant-Kaffeepulver
1 Päckchen Vanillezucker
1 Prise Salz
175 g Mehl
½ Päckchen Backpulver

Außerdem

25 g Kokosfett
200 g Puderzucker
30 g Kakao
1 TL Instant-Kaffeepulver

1. Die Haselnüsse in einer Pfanne ohne Fettzugabe rösten, abkühlen lassen und mahlen.

2. Die Eiweiße zu steifem Schnee schlagen, dabei den Zucker portionsweise einrieseln lassen. Die Haselnüsse, die Schokolade, das Kaffeepulver, den Vanillezucker und das Salz unterrühren.

3. Das Mehl mit dem Backpulver mischen und unter die Nussmasse kneten. Den Teig abgedeckt mindestens 1 Stunde kalt stellen.

4. Den Backofen auf 200 °C vorheizen. Ein Backblech mit Backpapier auslegen. Den Teig auf einer bemehlten Arbeitsfläche 3 mm dick ausrollen, Herzen daraus ausstechen und diese auf das Blech legen. Die Plätzchen etwa 10 Minuten im Ofen backen.

5. Für den Guss das Kokosfett erwärmen, bis es flüssig ist. Den Puderzucker, den Kakao und das Kaffeepulver damit verrühren. Falls der Guss zu dick ist, mit etwas heißem Wasser verdünnen. Die noch heißen Herzen damit bestreichen.

TIPP

Man kann die Herzen zusätzlich mit einem weißen Rand verzieren. Hierzu Puderzucker mit etwas heißem Wasser glatt rühren und den Guss in die Ecke eines kleinen Frischhaltebeutels füllen. Nun die äußerste Spitze des Beutels abschneiden und den Guss in feinen Linien auf die Herzen spritzen.

- *Ergibt ca. 50 Stück*
- *Zubereitungszeit: ca. 90 Minuten (plus 1 Stunde Kühlzeit)*

Florentiner

Florentiner

ZUTATEN

Für den Teig

100 g Butter

150 g Zucker

50 g Honig

125 g Sahne

200 g Mandelblättchen

50 g Orangeat, fein gehackt

1. Die Butter mit dem Zucker und dem Honig in einem Topf so lange unter Rühren erhitzen, bis die Masse leicht gebräunt ist. Die Sahne hinzufügen und rühren, bis sich der Zucker gelöst hat.

2. Die Mandelblättchen und das Orangeat dazugeben und das Ganze 5 Minuten kochen lassen.

3. Den Backofen auf 200 °C vorheizen. Je einen gehäuften Teelöffel der Masse in die Papierbackförmchen geben und 10 bis 15 Minuten backen.

4. Die Florentiner völlig abkühlen lassen – wenn nötig über Nacht –, so lassen sie sich leichter aus den Papierförmchen herauslösen.

5. Die Kuvertüre im Wasserbad schmelzen und die Florentiner mit der Unterseite in die Kuvertüre tauchen. Eventuell mit einer Gabel Linien durch den Kuvertürenguss ziehen.

Außerdem

Papierbackförmchen

100 g Halbbitterkuvertüre, fein gerieben

• Ergibt ca. 40 Stück
• Zubereitungszeit: ca. 1 Stunde (plus 12 Stunden Kühlzeit)

Schokoladenbrezeln

Schokoladenbrezeln

ZUTATEN

Für den Teig

150 g weiche Butter

60 g Puderzucker

1 Päckchen Vanillezucker

1 Prise Salz

1 TL Honigkuchengewürz

1 Msp. Zimt, gemahlen

1 Msp. Muskatblüte, gemahlen

1 Ei

200 g Mehl

½ TL Backpulver

Außerdem

150 g Halbbitterkuvertüre

bunte Zuckerstreusel

1. Die Butter in eine Schüssel geben und schaumig rühren. Den Puderzucker sowie den Vanillezucker langsam einrieseln lassen und mit der Butter vermengen.

2. Das Salz, das Honigkuchengewürz, den Zimt, die Muskatblüte sowie das Ei dazugeben und alles so lange rühren, bis eine cremige Masse entstanden ist.

3. Den Backofen auf 180 °C vorheizen. Das Mehl mit dem Backpulver mischen und portionsweise in die Masse einarbeiten.

4. Ein Backblech mit Backpapier auslegen. Den Teig in einen Spritzbeutel mit Lochtülle füllen und Brezeln auf das Blech spritzen. Die Brezeln etwa 15 Minuten im Ofen backen.

5. Für den Guss die Kuvertüre grob hacken und im heißen Wasserbad schmelzen. Die Brezeln mit der Kuvertüre bestreichen und mit den bunten Streuseln bestreuen.

• Ergibt ca. 50 Stück
• Zubereitungszeit: ca. 90 Minuten

Schoko-Walnuss-Würfel

Schoko-Walnuss-Würfel

ZUTATEN

Für den Teig

4 Eier

300 g Zucker

400 g Vollmilchschokolade

90 g Butter

120 g Mehl

180 g Walnüsse, gerieben

1. Den Backofen auf 170 °C vorheizen. Die Eier schaumig rühren und den Zucker hinzufügen. Die Masse so lange rühren, bis sich der Zucker vollständig aufgelöst hat und die Masse sehr cremig ist.

2. Die Schokolade in kleine Stückchen zerteilen, 4 Esslöffel Wasser dazugeben und das Ganze im heißen Wasserbad schmelzen lassen.

3. Die Butter dazugeben und unter Rühren darin schmelzen. Die Schokoladenmasse zur Eicreme geben. Zuletzt das Mehl sowie die Walnüsse portionsweise hinzufügen und mit der Masse verkneten.

4. Ein Backblech mit Backpapier auslegen. Den Teig auf das Blech geben, glatt streichen und im Ofen 18 bis 20 Minuten backen. Anschließend den noch heißen Teig in 3 bis 4 cm große Würfel schneiden.

5. Die Kuvertüre im Wasserbad schmelzen. Die Teigwürfel mit der Kuvertüre überziehen und mit je einer Walnusshälfte verzieren.

VARIATION

Wer's weniger süß mag, kann Halbbitterschokolade anstelle von Vollmilchschokolade verwenden und die Teigwürfel anschließend mit Halbbitterkuvertüre verzieren.

Außerdem

200 g Kuvertüre

60 Walnusshälften

- *Ergibt ca. 60 Stück*
- *Zubereitungszeit: ca. 90 Minuten*

Mandelwellen

Mandelwellen

ZUTATEN

2–3 Eiweiß (je nach Größe der Eier)

100 g Puderzucker

1 Prise Salz

1 Ei

150 g Mandelsplitter

3 EL Mehl

1. Die Eiweiße in eine hohe Rührschüssel geben und darin halbsteif schlagen. Dabei den Puderzucker einrieseln lassen.

2. Anschließend das Salz sowie das Ei dazugeben und das Ganze zu einer schaumigen, weißlichen Masse aufschlagen. Die Mandelsplitter noch etwas kleiner hacken und zusammen mit dem Mehl unter die Eimasse ziehen.

3. Den Backofen auf 200 °C vorheizen. Ein Backblech mit Backpapier auslegen. Aus der Eimasse mit einem Teelöffel kleine Häufchen abstechen und diese im Abstand von 2 bis 3 cm auf das Blech setzen. Ein zusammengefaltetes Tuch auf die Arbeitsfläche legen und das Blech einige Male darauf schlagen, damit sich der Teig auf dem Blech etwas verteilt.

4. Die Plätzchen 8 bis 10 Minuten im Ofen backen. Dabei darauf achten, dass sie nicht zu dunkel werden. Eventuell nach der Hälfte der Backzeit die Hitze auf 180 °C reduzieren.

5. Anschließend die noch warmen Plätzchen auf einem Wellholz in eine halbrunde Form biegen und auskühlen lassen.

• Ergibt ca. 35 Stück
• Zubereitungszeit: ca. 60 Minuten

Zimtsterne

Zimtsterne

ZUTATEN

Für den Teig

3 Eiweiß

300 g Puderzucker

1 Päckchen Vanillezucker

1 TL Zimt, gemahlen

1 EL Kirschwasser

350 g Mandeln, gemahlen

1. Die Eiweiße zusammen mit einigen Tropfen kaltem Wasser steif schlagen. Den gesiebten Puderzucker langsam in den Eischnee einrieseln lassen. Von der Masse eine Tasse für die Glasur beiseite stellen.

2. Den Vanillezucker, den Zimt, das Kirschwasser und die Hälfte der Mandeln vorsichtig unter den restlichen Eischnee ziehen. Vom Rest der Mandeln so viel dazugeben, dass der Teig kaum noch klebt.

3. Ein Backblech mit Backpapier auslegen. Den Teig auf einer mit Mandeln bestreuten Arbeitsfläche etwa 1 cm dick ausrollen und Sterne daraus ausstechen. Die Sterne auf das Blech legen, mit dem beiseite gestellten Eischnee bestreichen und etwa 3 Stunden – besser noch über Nacht – bei Raumtemperatur trocknen lassen.

4. Den Backofen auf 170 °C vorheizen. Die Sterne im Ofen etwa 15 Minuten backen. Sie sollen sich auf der Unterseite noch etwas weich anfühlen.

TIPPS

- **Man kann Zeit sparen, wenn man den Teig bereits vor dem Ausstechen mit Eischnee bestreicht. Restlichen Teig nach dem Ausstechen mitsamt Glasur zusammenkneten und eventuell noch etwas gemahlene Mandeln dazugeben.**
- **Die Sterne lösen sich leichter, wenn man den Ausstecher zwischendurch in kaltes Wasser taucht.**

Außerdem

gemahlene Mandeln zum Ausrollen

- *Ergibt ca. 45 Stück*
- *Zubereitungszeit: ca. 90 Minuten (plus ca. 3 Stunden Zeit zum Trocknen)*

Honigkuchen mit Nussfüllung

ZUTATEN

Für den Teig

200 g Honig
75 g Butter
125 g Zucker
1 Ei
1 Prise Salz
1 EL Rum
2 TL Zimt, gemahlen
½ TL Nelken, gemahlen
abgeriebene Schale von 1 unbehandelten Zitrone
400 g Mehl
1 gehäufter TL Backpulver

Außerdem

100 g Honig
100 g Halbbitterschokolade, gerieben
250 g Haselnüsse, gemahlen
2 EL Rum
200 g Rosinen
200 g Puderzucker
1 Eiweiß
Saft von ½ Zitrone

1. Honig, Butter und Zucker in einen Topf geben und bei schwacher Hitze unter Rühren erwärmen. Die Masse in eine Schüssel füllen und mit Ei, Salz, Rum, Gewürzen sowie Zitronenschale verrühren.

2. Das Mehl und das Backpulver mischen, mit der Honigmasse zu einem glatten Teig verkneten. Den Teig mindestens 1 Stunde kalt stellen.

3. Den Backofen auf 180 °C vorheizen. Ein Backblech mit Backpapier auslegen. Den Teig dünn auf dem Blech ausrollen (hierzu feuchtes Tuch unterlegen) und halbieren (Backpapier ebenfalls durchschneiden).

4. Für die Füllung den Honig erwärmen, bis er flüssig ist. Den Honig etwas abkühlen lassen und mit Schokolade, Haselnüssen, Rum sowie Rosinen mischen.

5. Die noch warme Honigmischung auf die eine Teighälfte streichen, die zweite Hälfte vorsichtig darauf legen und das Backpapier abziehen. Das Ganze 30 bis 40 Minuten im Ofen backen.

6. Für den Guss den Puderzucker mit Eiweiß und Zitronensaft verrühren. Den noch warmen Honigkuchen in Rechtecke schneiden und mit dem Guss bestreichen.

- *Ergibt ca. 15 Stück*
- *Zubereitungszeit: ca. 90 Minuten*

Honigkuchen mit Nussfüllung

Honigprinten

ZUTATEN

Für den Teig

250 g Honig

70 g Butter

50 g Orangeat, fein gehackt

70 g brauner Zucker

1 Msp. Salz

2 TL Lebkuchengewürz

½ TL Anissamen

½ TL Zimt, gemahlen

1 Msp. Ingwer, gemahlen

300 g Mehl

3 TL Backpulver

Außerdem

250 g Haselnüsse

200 g Halbbitterkuvertüre

20 g Kokosfett

1. In einem Topf den Honig zusammen mit der Butter bei mäßiger Hitze schmelzen, danach in eine Schüssel füllen und kalt stellen.

2. Orangeat, Zucker, Salz, Lebkuchengewürz, Anissamen, Zimt und Ingwer unter die fast erkaltete Honigmasse rühren.

3. Das Mehl mit dem Backpulver mischen und zu der Honigmasse dazugeben. Das Ganze auf einer bemehlten Arbeitsfläche zu einem glatten Teig verkneten und 1 Stunde kalt stellen.

4. Den Backofen auf 180 °C vorheizen. Ein Backblech mit Backpapier auslegen. Den Teig auf einer bemehlten Arbeitsfläche etwa ½ cm dick ausrollen, in etwa 2 x 6 cm große Rechtecke schneiden und diese auf das Blech legen. Die Haselnüsse halbieren und auf den Rechtecken verteilen. Die Plätzchen etwa 15 Minuten im Ofen backen und abkühlen lassen.

5. Für den Guss die Kuvertüre grob hacken und zusammen mit dem Kokosfett im heißen Wasserbad schmelzen. Den Guss gut verrühren und die Printen damit bestreichen.

• Ergibt ca. 60 Stück
• Zubereitungszeit: ca. 90 Minuten (plus 1 Stunde Kühlzeit)

Honigprinten

Nougat-Mokka-Sterne

ZUTATEN

Für den Teig

125 g Butter

100 g Vollmilchschokolade

50 g Zucker

150 g Mehl

1 Ei

1 EL Instant-Kaffeepulver

Außerdem

100 g Nussnougatcreme (Fertigprodukt)

200 g weiße Kuvertüre

30 Haselnüsse

1. Die Butter in Stücke schneiden und die Schokolade grob zerteilen. Beides zusammen im heißen Wasserbad schmelzen.

2. Die Buttermischung in eine Schüssel füllen und mit dem Zucker, dem Mehl, dem Ei sowie dem Kaffeepulver verrühren. Das Ganze zu einem glatten Teig verkneten und mindestens 1 Stunde kalt stellen.

3. Den Backofen auf 175 °C vorheizen. Ein Backblech mit Backpapier auslegen. Den Teig auf einer bemehlten Arbeitsfläche nochmals durchkneten, dann dünn ausrollen und Sterne daraus ausstechen. Die Sterne auf das Blech legen und etwa 10 bis 15 Minuten backen.

4. Die Sterne etwas abkühlen lassen. Je 2 Sterne mit einem Klecks Nussnougatcreme zusammensetzen.

5. Die Kuvertüre im heißen Wasserbad schmelzen. Die Sterne mit der Oberseite in die Kuvertüre tauchen und mit je 1 Haselnuss verzieren.

VARIATION

Wer's weniger süß mag, kann für den Teig Halbbitterschokolade verwenden und die Sterne mit dunkler Kuvertüre verzieren.

TIPP

Haselnüsse schmecken intensiver, wenn man sie in einer Pfanne ohne Fettzugabe röstet.

• Ergibt ca. 30 Stück
• Zubereitungszeit: ca. 90 Minuten (plus 1 Stunde Kühlzeit)

Nougat-Mokka-Sterne

Mandelstangen

ZUTATEN

Für den Teig

250 g Butter

200 g Zucker

2 TL Zitronenzucker

1 Päckchen Vanillezucker

6 Eigelb

250 g Mehl

1. Die Butter mit dem Zucker, dem Zitronenzucker und dem Vanillezucker schaumig rühren. Die Eigelbe portionsweise dazugeben und einarbeiten. Das Mehl hinzufügen und das Ganze zu einem glatten Teig verrühren.

2. Den Backofen auf 150 °C vorheizen. Ein Backblech mit Backpapier auslegen und den Teig darauf streichen.

3. Die Eiweiße zu sehr festem Schnee schlagen. Dabei den Zucker langsam einrieseln lassen. Die gemahlenen Mandeln dazugeben und vorsichtig darunter ziehen.

4. Die Aprikosenmarmelade in einem Topf erwärmen und mit einer Palette auf dem Teig verteilen.

5. Die Mandel-Eischnee-Mischung auf der Marmelade verteilen und das Ganze mit den gehackten Mandeln bestreuen. Das Gebäck 40 bis 50 Minuten im Ofen backen.

6. Das Gebäck anschließend sofort mit einem scharfen Messer in etwa 3 x 6 cm große Streifen schneiden und auf einem Kuchengitter abkühlen lassen.

Für den Eischnee

6 Eiweiß

100 g Zucker

200 g Mandeln, gemahlen

Außerdem

400 g Aprikosenmarmelade

100 g Mandeln, gehackt

- *Ergibt ca. 50 Stück*
- *Zubereitungszeit: ca. 2 Stunden*

Mandelstangen

Spitzbuben

ZUTATEN

Für den Teig

200 g Butter

125 g Zucker

300 g Mehl

1 Prise Salz

1 TL abgeriebene Schale von 1 unbehandelten Zitrone

1 TL Zitronensaft

Außerdem

100 g Johannisbeer-, Himbeer- oder Aprikosenmarmelade

Puderzucker zum Bestäuben

1. Die Butter und den Zucker schaumig rühren. Das Mehl, das Salz und die Zitronenschale dazugeben. Alle Zutaten mit den Fingerspitzen zu feinen Krümeln verreiben.

2. Den Zitronensaft dazugeben und alles rasch zu einem Teigballen formen. Den Teig nicht kneten, damit er nicht hart wird. Den Teig 1 Stunde kalt stellen.

3. Den Backofen auf 150 °C vorheizen. Ein Backblech mit Backpapier auslegen. Den Teig auf einer bemehlten Arbeitsfläche etwa 2 mm dick ausrollen und runde Plätzchen daraus ausstechen. Aus der Hälfte der Plätzchen zusätzlich kleine Fensterchen ausstechen.

4. Die Plätzchen auf das Backblech legen und etwa 15 Minuten backen. Dabei keine Farbe annehmen lassen, sie dürfen nur hellgelb sein.

5. Die Plätzchen ohne Öffnungen mit der Marmelade bestreichen und die restlichen Plätzchen mit Fensterchen darauf setzen. Die Spitzbuben mit dem Puderzucker bestäuben.

TIPP

Die Fensterchen kann man mit einer glatten Lochtülle anbringen.

• Ergibt ca. 40 Stück
• Zubereitungszeit: ca. 1 Stunde (plus 1 Stunde Kühlzeit)

Spitzbuben

Marzipantaler

ZUTATEN

Für den Teig

150 g Butter

100 g flüssiger Honig

1 Ei

abgeriebene Schale von 1 unbehandelten Zitrone

150 g Mehl

100 g Mandeln, gemahlen

1. Die Butter mit dem Honig und dem Ei schaumig rühren. Die Zitronenschale dazugeben.

2. Das Mehl sowie die Mandeln portionsweise unter ständigem Rühren hinzufügen und das Ganze zu einem weichen Teig verkneten.

3. Ein Backblech mit Backpapier auslegen. Den Teig in einen Spritzbeutel mit großer Sterntülle füllen und kleine Häufchen auf das Blech spritzen.

4. Das Blech in den kalten Ofen schieben und die Plätzchen darin 20 bis 25 Minuten bei 200 °C backen. Anschließend die Plätzchen auf einem Kuchengitter abkühlen lassen.

5. Für die Füllung den Honig bei schwacher Hitze erwärmen, bis er flüssig ist. Die Marzipanrohmasse mit dem Honig und dem Rum verkneten.

6. Die Hälfte der Taler mit der Füllung bestreichen und einen zweiten Taler darauf setzen.

Für die Füllung

1 EL flüssiger Honig

100 g Marzipanrohmasse

1 TL Rum

- *Ergibt ca. 25 Stück*
- *Zubereitungszeit: ca. 90 Minuten*

Marzipantaler

Aprikosenlebkuchen

ZUTATEN

Für den Teig

100 g getrocknete, ungeschwefelte Aprikosen

4 Eier

200 – 250 g flüssiger Honig

100 g Mandeln, fein gemahlen

1 TL Zimt, gemahlen

2 TL Lebkuchengewürz

250 g Mehl

2 TL Backpulver

Außerdem

Backoblaten (ca. 7 cm Ø)

1. Die getrockneten Aprikosen waschen und sehr klein schneiden. Die Früchte knapp mit Wasser bedecken und 3 bis 4 Stunden quellen lassen. Danach das Wasser abgießen und die Aprikosen abtropfen lassen.

2. Die Eier schaumig rühren und mit dem Honig mischen. Die Mandeln, den Zimt sowie das Lebkuchengewürz dazugeben und mit der Ei-Honig-Masse verrühren. Das Mehl mit dem Backpulver mischen und gut mit dem Teig verrühren.

3. Den Teig etwa 1 cm hoch auf die Backoblaten streichen und dabei einen schmalen Rand aussparen. Die Lebkuchen auf ein Blech setzen und bei Raumtemperatur über Nacht trocknen lassen.

4. Den Backofen auf 160 °C vorheizen und die Lebkuchen darin 25 bis 30 Minuten backen.

TIPP

Man kann die Lebkuchen zusätzlich mit einem Zitronenguss versehen. Hierzu 200 g Puderzucker mit dem Saft von ½ Zitrone verrühren und die noch warmen Lebkuchen damit bestreichen.

- *Ergibt ca. 20 Stück*
- *Zubereitungszeit: ca. 90 Minuten (plus 3–4 Stunden Quellzeit sowie 12 Stunden Ruhezeit)*

Aprikosenlebkuchen

Vanillekipferl

ZUTATEN

Für den Teig

300 g Mehl

1 Vanilleschote

100 g Zucker

1 Päckchen Vanillezucker

3 Eigelb

250 g Butter

125 g Mandeln, gemahlen

1. Das Mehl in eine Rührschüssel sieben. Die Vanilleschote mit einem spitzen Messer aufschlitzen, das Mark herauskratzen und zusammen mit dem Zucker, dem Vanillezucker sowie den Eigelben zum Mehl geben.

2. Die Butter in Stücke schneiden und mit den Mandeln in die Schüssel geben. Die Zutaten miteinander mischen und anschließend auf einer bemehlten Arbeitsfläche rasch zu einem glatten Teig verkneten. Den Teig 1 Stunde kalt stellen.

3. Den Backofen auf 180 °C vorheizen. Ein Backblech mit Backpapier auslegen. Aus dem Teig dünne Rollen formen. Von den Rollen mit einem Messer ½ cm dicke Scheiben abschneiden und diese zu kleinen Kipferl formen.

4. Die Kipferl auf ein Backblech legen und im Ofen etwa 10 Minuten backen. Den Puderzucker mit dem Vanillezucker mischen und die noch warmen Kipferl darin wälzen.

Außerdem

100 g Puderzucker

2 Päckchen Vanillezucker

- *Ergibt ca. 80 Stück*
- *Zubereitungszeit: ca. 90 Minuten (plus 1 Stunde Kühlzeit)*

Vanillekipferl

Glasierte Pfeffernüsse

ZUTATEN

Für den Teig

250 g Mehl

1 TL Backpulver

150 g brauner Zucker

1 Prise Salz

1 Msp. Kardamom, gemahlen

1 Msp. Nelken, gemahlen

1 Msp. weißer Pfeffer, gemahlen

1 TL Zimt, gemahlen

1 Ei

3 EL Sahne

80 g Butter

50 g Mandeln, gemahlen

50 g Zitronat, gewürfelt

Außerdem

250 g Puderzucker

1. Das Mehl mit dem Backpulver mischen und in eine Rührschüssel sieben. Den Zucker, das Salz, den Kardamom, die Nelken, den Pfeffer, den Zimt, das Ei und die Sahne dazugeben.

2. Die Butter in Stückchen schneiden und zusammen mit den Mandeln sowie dem Zitronat in die Schüssel geben. Sämtliche Zutaten gut miteinander vermischen und anschließend auf einer bemehlten Arbeitsfläche rasch zu einem glatten Teig verkneten. Den Teig 1 Stunde kalt stellen.

3. Den Backofen auf 180 °C vorheizen. Ein Backblech mit Backpapier auslegen. Den Teig auf einer bemehlten Arbeitsfläche etwa 2 cm dick ausrollen und daraus runde Plätzchen ausstechen (etwa 3 cm Ø).

4. Die Plätzchen auf das Blech legen, etwa 15 Minuten im Ofen backen und abkühlen lassen.

5. Für den Guss den Puderzucker mit etwa 3 EL heißem Wasser zu einer dickflüssigen Masse verrühren und die Pfeffernüsse damit bestreichen.

TIPP

Sollten die Pfeffernüsse zu hart sein, lässt man sie einen Tag offen an der Luft stehen. Danach bewahrt man sie in gut schließenden Dosen auf.

• Ergibt ca. 50 Stück
• Zubereitungszeit: ca. 90 Minuten (plus 1 Stunde Kühlzeit)

Glasierte Pfeffernüsse

Aprikosen-Walnuss-Törtchen

ZUTATEN

Für den Teig

250 g Mehl

100 g brauner Zucker

100 g Walnüsse, gemahlen

150 g Butter

1 Ei

1. Das Mehl in eine Schüssel sieben und mit dem Zucker sowie den Walnüssen mischen. Die Butter in Stückchen schneiden und zusammen mit dem Ei in die Schüssel geben.

2. Sämtliche Zutaten gut miteinander vermischen und anschließend auf einer bemehlten Arbeitsfläche rasch zu einem glatten Teig verkneten. Den Teig 1 Stunde kalt stellen.

3. Den Backofen auf 200 °C vorheizen. Ein Backblech mit Backpapier auslegen. Den Teig auf einer bemehlten Arbeitsfläche dünn ausrollen und daraus 50 runde Plätzchen ausstechen. Die Plätzchen auf das Blech legen und im Ofen 10 bis 15 Minuten backen.

4. Die Hälfte der Plätzchen mit der Aprikosenkonfitüre bestreichen und mit einem zweiten Plätzchen belegen.

5. Die Kuvertüre im heißen Wasserbad schmelzen. Die Törtchen mit der Oberseite in die Kuvertüre tauchen und mit den Walnusshälften verzieren.

Für die Füllung

150 g Aprikosenkonfitüre

Außerdem

100 g Halbbitterkuvertüre

25 Walnusshälften

• Ergibt ca. 25 Stück
• Zubereitungszeit: ca. 90 Minuten (plus 1 Stunde Kühlzeit)

Aprikosen-Walnuss-Törtchen

Pistaziensterne

ZUTATEN

Für den Teig

300 g Mehl

200 g brauner Zucker

1 Prise Salz

200 g Butter

150 g Marzipanrohmasse

2 EL Milch

Für den Belag

1 Eiweiß

2 Päckchen Vanillezucker

50 g Marzipanrohmasse

50 g Pistazien, gemahlen

gehackte Pistazien zum Bestreuen

1. Das Mehl in eine Schüssel sieben und mit dem Zucker sowie dem Salz mischen. Die Butter sowie die Marzipanrohmasse in Stückchen schneiden und zusammen mit der Milch in die Schüssel geben.

2. Sämtliche Zutaten gut miteinander vermischen und zu einem glatten Teig verkneten. Den Teig 1 Stunde kalt stellen.

3. Den Backofen auf 175 °C vorheizen. Ein Backblech mit Backpapier auslegen. Den Teig auf einer bemehlten Arbeitsfläche dünn ausrollen und daraus Sterne ausstechen. Die Plätzchen auf das Blech legen.

4. Für den Belag das Eiweiß zu steifem Schnee schlagen, dabei den Vanillezucker einrieseln lassen. Die Marzipanrohmasse in kleine Stückchen schneiden (oder auf der Haushaltsreibe grob reiben) und mit dem Eischnee mischen. Zuletzt die gemahlenen Pistazien unterheben.

5. Den Eischnee in einen Spritzbeutel mit gezackter Tülle füllen und davon einen Tupfer auf jeden Stern spritzen. Die Sterne mit den Pistazien bestreuen und 10 bis 15 Minuten im Ofen backen.

- *Ergibt ca. 60 Stück*
- *Zubereitungszeit: ca. 90 Minuten (plus 1 Stunde Kühlzeit)*

Pistaziensterne

Short Bread

ZUTATEN

350 g weiche Butter

300 g brauner Zucker

500 g Mehl

1 Prise Salz

1. Die Butter, den Zucker, das Mehl sowie das Salz in eine Schüssel geben und zu einem glatten Teig verkneten.

2. Den Teig zu Rollen formen (ca. 2 cm Ø), diese einzeln in Folie wickeln und über Nacht kalt stellen.

3. Den Backofen auf 180 °C vorheizen. Ein Backblech mit Backpapier auslegen. Die Rollen in 2 cm dicke Scheiben schneiden und auf das Blech legen.

4. Die Plätzchen in der Mitte mit dem Daumen leicht eindrücken und 15 bis 20 Minuten im Ofen backen.

TIPP

Dieses englische Buttergebäck wird so genannt, weil der Teig sehr „kurz" ist, das heißt mürbe und kross. Man kann den Teig auch dick ausrollen und in fingerlange Streifen schneiden. In England wird dieses Gebäck als „short bread fingers" bezeichnet.

• Ergibt ca. 70 Stück
• Zubereitungszeit: ca. 60 Minuten (plus 12 Stunden Kühlzeit)

Short Bread

Minihonigkuchen

ZUTATEN

1 Päckchen Holländischer Frühstückskuchen (Fertigprodukt)

250 g Kokosfett

150 g Halbbitter-kuvertüre

200 g Puderzucker

1 Päckchen Vanillezucker

3 Eier

200 g Kokosraspel

1. Den Frühstückskuchen in 2 bis 3 cm große Würfel schneiden.

2. Das Kokosfett zusammen mit der Halbbitterkuvertüre im heißen Wasserbad schmelzen und in eine Schüssel füllen. Den Puderzucker, den Vanillezucker sowie die Eier dazugeben und alles schaumig rühren.

3. Die Kuchenwürfel zu der Schokoladenmasse geben und mit einer Gabel vorsichtig umrühren. Die Würfel dürfen nicht zerbröckeln und sollen rundherum mit Schokolade überzogen sein.

4. Die Kokosraspeln auf einen großen Teller streuen. Die Kuchenwürfel einzeln mit einer Gabel aus der Schüssel nehmen und in den Kokosraspeln wälzen.

5. Eine Platte mit Alufolie auslegen, die Kuchenwürfel darauf legen und kalt stellen.

TIPP

Dieses Rezept ist gut geeignet, um Kuchenreste zu verwerten.

- *Ergibt ca. 100 Stück*
- *Zubereitungszeit: ca. 30 Minuten (plus 12 Stunden Kühlzeit)*

Minihonigkuchen

Amaretti mit Schokoladenfüllung

ZUTATEN

Für den Teig

2 Eiweiß

300 g Mandeln, gemahlen

1 TL Bittermandelaroma

250 g Zucker

Außerdem

2 EL Puderzucker

Für die Füllung

2 EL Sahne

70 g Zartbitterschokolade

1. Die Eiweiße leicht verquirlen. Die Mandeln, das Bittermandelaroma sowie den Zucker dazugeben und alles zu einer gleichmäßigen, festen Masse verarbeiten.

2. Den Backofen auf 100 °C vorheizen. Ein Backblech mit Backpapier auslegen. Aus dem Teig zwischen den Handballen nussgroße Kugeln formen, diese plattdrücken und auf das Blech legen.

3. Das Gebäck mit Daumen und Zeigefinger seitlich leicht zusammendrücken, mit dem Puderzucker bestreuen und etwa 20 Minuten im Ofen trocknen lassen. Anschließend die Temperatur auf 80 °C reduzieren und die Amaretti weitere 20 Minuten trocknen lassen.

4. Inzwischen die Sahne erwärmen. Die Schokolade in kleine Stücke brechen, zur Sahne dazugeben und im heißen Wasserbad schmelzen lassen, bis eine dicke Creme entsteht.

5. Die Amaretti etwas abkühlen lassen, anschließend die Hälfte davon auf der Bodenseite mit Schokoladencreme bestreichen und die restlichen Amaretti darauf setzen.

6. Zur Verzierung die Amaretti an beiden Enden etwas in die Schokoladencreme tauchen.

VATIATIONEN

- **Wer lieber dunkle Plätzchen mag, kann dem Teig noch etwas Kakaopulver hinzufügen.**
- **Weiterhin kann man den Teig mit 1 Esslöffel Marsala aromatisieren. Damit die Masse nicht zu flüssig wird, muss man dann unter Umständen etwas weniger Eiweiß verwenden.**

- *Ergibt ca. 20 Stück*
- *Zubereitungszeit: ca. 90 Minuten*

Amaretti mit Schokoladenfüllung

Haselnusstaler

ZUTATEN

Für den Teig

250 g Butter

200 g Zucker

1 Prise Salz

ausgekratztes Mark von 1 Vanilleschote

1 Msp. Hirschhornsalz

375 g Mehl

Außerdem

3 EL Mehl

2 EL Kakaopulver

100 g Haselnüsse

1. Die Butter zusammen mit dem Zucker, dem Salz und dem Vanillemark schaumig rühren.

2. Das Hirschhornsalz in etwas Wasser auflösen, zusammen mit dem Mehl zu der Butter-Zucker-Masse geben und alles zu einem glatten Teig verrühren.

3. Den Backofen auf 100 °C vorheizen. Ein Backblech mit Backpapier auslegen.

4. Den Teig in zwei Hälften teilen, unter die eine Hälfte das Mehl kneten und eine Rolle daraus formen. Die Teigrolle in etwa 40 Stücke schneiden, diese zu Kugeln formen und auf das Blech legen. In jede Kugel mit dem Daumen eine kleine Vertiefung drücken und eine Haselnuss hineinsetzen.

5. Den restlichen Teig mit dem Kakaopulver verkneten, anschließend zu einer Rolle formen, in 40 Stücke teilen, zu Kugeln formen und ebenso verfahren wie bei den hellen Plätzchen.

6. Anschließend die Plätzchen im Ofen 12 bis 15 Minuten backen.

- *Ergibt ca. 80 Stück*
- *Zubereitungszeit: ca. 90 Minuten*

Haselnusstaler

Rezeptverzeichnis

Der Text dieses Buches entspricht den Regeln der neuen deutschen Rechtschreibung.

Fotos: Fotostudio Renson, Wiesbaden: S. 41, 59; **TLC-Foto-Studio GmbH,** Velen-Ramsdorf: S. 16, 28, 30, 43, 47, 61, 63; **Brigitte Wegner,** Bielefeld: S. 12, 18, 26, 37, 51; alle übrigen Fotos: **Anschlag & Goldmann,** Borken

Layout: Ulrike Selders, Köln
Redaktion: Ingrid Ahnert, Kunreuth/Ralf Labitzky
Satz und Herstellung: Peter Beckhaus, Mainz

Die Ratschläge in diesem Buch sind von Herausgeberin und Verlag sorgfältig erwogen und geprüft, dennoch kann eine Garantie nicht übernommen werden. Eine Haftung der Herausgeberin bzw. des Verlags und seiner Beauftragten für Personen-, Sach- und Vermögensschäden ist ausgeschlossen.

817 2635 4453 6271

1092700X03 02 01 00